AF398984

Verlag und Druck: tredition GmbH, Halenreie 40-44, 22359 Hamburg

ISBN Taschenbuch: 978-3-347-08328-8
ISBN Hardcover: 978-3-347-08329-5
ISBN e-Book: 978-3-347-08330-1

Bibliografische Information der Deutschen Nationalbibliothek:
Die Deutsche Nationalbibliothek verzeichnet diese Publikation in der Deutschen Nationalbibliografie; detaillierte bibliografische Daten sind im Internet über http://dnb.d-nb.de abrufbar.

Michael Buhr

Eis und Heiß

Lyrics über Liebe, Hexen, Dämonen,
Königinnen und dich

VORWORT

jeder weiß, was ein mann in seinem leben alles tun
sollte.
nach seiner erfolgreichen teilnahme an einem
autorenwettbewerb für fußballfans, erschien 2014 ein
erster text („kulisse") unseres autors im buch „Der 12.
Mann", bei „spielmacher * SCHÖNE
FUSSBALLBÜCHER"

nun ist es endlich soweit, texte aus den letzten neun
jahren haben das ergeben, was vor ihnen liegt.
das debüt eines hobbyautoren mit sinnlichen,
leidenschaftlichen lyrics zu himmel und erde, feuer und
wasser, licht und schatten. dem leser wird schnell
bewußt, das eine liebesgeschichte entstanden ist.

michael buhr lebt und arbeitet in schleswig-holstein,
nachdem er dort 2002 aus sachsen kommend seßhaft
wurde.
besonders bedankt sich unser autor bei seiner familie für
alles und bei
ann-cathrin,
annika
christina,
karina,
nele
für deren unterstützung, anregungen und verschiedene
inspirationen.

michael buhr im juni 2020

EIS UND HEISS
das eis des meeres
türmt sich am strand.
der frostige wind von der küste
streift über's flache land.

mein heißer atem gefriert so schnell,
das er dich nicht erreicht.
er verliert sich in formen,
die eiskristallen gleicht.

wenn du sie berührst
schmelzen sie dahin.
es bleiben gedanken an dich,
im kopf, im herzen drin.

KLAR
eiszapfen kalt,
als wären sie ohne gefühl.
drinnen luftbläschen,
wie gefangen in ihrem spiel.
außen glatt,
wie die haut einer frau.
eiszapfen im licht der nacht,
in ihnen sterne,
wie flammen lodern,
als wenn herzen glühn.
am tage nichts,
doch, hindurch, klar wie glas,
kann man träume sehn.

FLOCKENWIRBEL
flockenwirbel im wind,
früh morgens im scheinwerferlicht,
wie figuren im nordlicht,
wie fee`n im märchen,
wie eine schneekönigin hier.
hinterm mond steigt die sonne,
lichtwechsel am morgen,
voller gold.

KRISTALL
eiskristalle in der luft.
spuren im schnee.
sie werfen schatten,
im steigenden tageslicht.

am waldrand enden sie.
jemand muß fliegen können.
plötzlich, unten im tal,
alles grün, der frühling, ein see.

mittendrin ein schloß,
fenster umrankt von wildem wein.
drinnen im licht,
eine königin.

SPUK
heute nacht,
ein schloß, voller hexen und dämonen,
hat mich um den schlaf gebracht.

die spuren von gestern,
im wetter verblasst.
am waldrand, im dunklen licht,
der see, vereist, spiegelt die finsternis.

verschwunden das schloß,
allein die königin erscheint,
dicht vor mir,
verwunschen, zu eis erstarrt.

ich berühr sie,
das eis bricht,
sie fliegt davon.
meine flügel, alt und schwer,
lassen mich zurückbleiben,
ich erwache.

TRAUM

nur ein traum war es,
der kalte schweiß,
weggespült vom morgen,
von heißem strahl.
ein traum ist sie,
diese königin.

KÖNIGIN

vor mir der tag,
hinter mir die nacht,
vor mir das licht,
im rückspiegel ein gesicht.

die königin vom winter...
zwei sterne strahlen,
ein lächeln, sie ist es,
hat mich erkannt.

DRAUSSEN

draußen, am tag die sonne lacht,
sterne in der kalten nacht.
träume sausen wie blitze am firmament
gedanken an frühling sind ungehemmt,
halt dich fest.

VORBEI

blütenblätter tanzen im schatten der nacht,
schweben wie federn, glänzen im mond.
es läutet, traumzeit vorbei,
kalter himmel, schneeflocken am fenster.

im hafen liegt das alte schiff sehnsucht,
nach frühling, nach dir.
ich check ein.

ZUERST
mondlicht, zuerst verdeckt
von wolken, wie aus federn,
in denen engel schweben.
dann vor mir, in meinem gesicht,
die straße entlang,
ein gedanke aus mir spricht.

mondlicht, auch in deinem fenster,
weckt dich zärtlich.
bald ist es die sonne,
der frühling, der das macht.
gedanken streifen dich,
am ende der nacht.

LANGSAM
frost klirrt,
die natur, das leben schütteln sich.
nur langsam, vom himmel aus,
sonnenstrahlen verbreiten sich.
wärmen schon, beleben körper, geist,
verbreiten lächeln in deinem gesicht.
im innersten ein zartes regen,
unaufhaltsam jedoch,
dem frühling entgegen.

BOTEN
gestern abend, nebel,
ziehn über'n see.
ich steig auf's dach,
um sterne leuchten zu sehn.

heut morgen,
glitzern in der luft.
die wischerblätter rasen,
regentropfen brechen das licht.

hamburger schmuddelwetter,
sprichwörtlich ist's.
oder frühlingsboten, erste.

man sieht's in deinem gesicht.
augen glänzen,
deine lider, deine brauen tanzen,
du lächelst.

ERWACHEN

rinnsale zu bächen,
bäche zu flüssen,
flüsse zu wilden strömen,
wiesen zu seen.

mäntel zu jacken,
mützen zu locken,
schals zu bunten tüchern,
sonnenbrillen zu nasen.

augen strahlen,
gesichter lächeln,
liebe erwacht,
im frühling.

DU (I)

der himmel blau,
voll kalter luft.
der himmel gelb,
voll heller wintersonne.
der himmel weiß,
voll pustewolken.
der himmel schön,
wie du.

DU (II)

schneeflocken,
wie sterne aus eis,
nur strahlen sie nicht,
wie deine augen.

schneeflocken tanzen im wind
wie die wimpern in deinem gesicht,
wenn du lachst.

DU (III)
heute morgen
der mond ganz hell
auf der straße glitzert das eis
wie sterne,
wie die sommersprossen
in deinem gesicht.

DU (IV)
ein tag wie ein jahr,
weiß und glänzend,
grün und hell,
gelb und grell,
bunt und lustig.
du bist,
eine frau wie ein traum.

LIEBEN
dich nicht zu lieben, würde bedeuten,
ich wäre verrückt geworden,
ich wäre nicht mehr.
ich bin da für dich.

GEDANKEN
ein tag,
vierundzwanzig stunden,
eintausendvierhundertvierzig minuten,
sechsundachtzigtausendvierhundert sekunden,
unendlich viele augenblicke,
gefüllt von nur einem gedanken,
an dich.

NACKT
die nacht,
entblößt liegt sie
unter schwarzem himmel.

der tag
der sie braucht,
wie die biene den nektar.
betört sie erst,
leckt ihre sterne,
wie die haut einer frau.

dann nimmt er sie,
voller leidenschaft,.
es wird hell.

VERSUCH

es ist sommernacht,
nördlicher nachthimmel,
nördlicher horizont,

die nacht versucht,
den tag nieder zu ringen.
dieser wehrt sich gegen's vergehen.
der himmel unterm nordstern,
voller dunklem, warmen licht,
blutrot von nordwest bis nordost,

verletzt der abend,
das kind des tages,
von der nacht.
so als wenn kein tag vergeht,
es niemals ganz finster sein lässt.

der tag gewinnt,
aus dem horizont,
ganz weit, fast im norden
steigt der morgen.

FUNKEN
zeitig aufgewacht,
es war noch nacht,
frühstück gemacht,
an dich gedacht.

kaffee getrunken,
im geist, einen traum dir zugewunken,
gedanken kreuzen sich
und schlagen funken.

OHNE
über brücken geh'n
ist wie, ohne neugier sein
auf das dazwischen,
ist wie, ein leben
ohne überraschungen.

SOMMERNACHT
nacht's, drinnen im bett,
weckt er auf.
warme, zarte, nackte haut neben ihm,
voller regung spürt er das.

vorher, die nacht, am strand,
draußen in den dünen,
ihre haut, bloß, voll weißem sand.
stürmisch, vergeht sie schnell.

die sommersonne geht auf,
sofort taghell.
sie finden keinen schlaf,
es war kein traum.

RAVE
vorne der rave dröhnt,
von links nach rechts
von rechts nach links.

hinten, über dem grau des beton
zuerst gelbe punkte, wie sterne,
kommen näher, verschwinden.

dann später gleich helles scheinen,
feuer scheint blendend in ihrem kreis.
die sonne öffnet den tag,
steig ein.

DAZWISCHEN
ist es blau,
ist es grau,
ist es der himmel,
ist es das meer,
ist es das dazwischen?

ist es gelb,
ist es rot,
ist es die flamme,
ist es die glut?
es ist die leidenschaft,
es ist die liebe!

TRÜB
wolken trüben den himmel
aber nicht den tag.

ROT
weißer schnee
wie weiße glut
schwarze nacht
mit glasigen schatten
kalte zimmer
ohne heißes licht

wie wild
mit leidenschaft
ohne ende
im schnee
in der glut
nachts im schatten
drinnen im licht

dich küssen
roter mond
wie roter mund

DURST
einsam durch die wüste
voll gedanken nach dir,
durst plagt nach zeit,
auf wasser,
aus großen bechern,
verloren bei suchen vor zeiten.

oasen, hirngespinnste,
aus dem spiegel der luft
seinem licht heraus,
jemand erscheint,
du bist es,
durst auf küsse von dir wird gestillt.

LICHT
düster im dunkeln das herbstlicht
herbstlich dunkel das licht im düstern
licht im dunkel des düsteren herbstes
dunkel das licht im herbstdüster
leben hell in seiner zeit
zeit lebt hell
hell im zeitlichen das leben
immer im licht die liebe.

SCHATTEN
tor in wolken,
himmelstor,
engelslupf,
hexenflucht,
götterschlund,
teufelsmar,
feenschloß,
elfenkorb,
gnomenguck,
märchenstrahl,
sagenkreis,
schatten neben sich?
nein,
licht,
sonne,
wärme,
traum,
frau,
liebe!

MOND
letzte nacht,
der himmel voller mond.
dein gesicht lächelt,
du berührst meine gedanken im kopf,
meine gefühle im herzen.

sein licht weckt träume,
die bleiben, nicht vergehn,
er läßt mich nicht schlafen.
nein, du bist es,
träume von dir sind es,
die mich nicht schlafen lassen.

eine nacht voll mond,
eine nacht voll träume,
eine nacht voll geheimnsse.

SPIEGEL

draußen am meer,
draußen im wind,
draußen am feuer,
dröhnt die brandung,
wehen ihre haare,
lodern die flammen.
in ihrem flackern leuchten augen,
blaugrau, schön sind sie,
schauen ins licht,
sind voller farbe,
in ihnen, wie im spiegel,
sieht er sein gesicht.
dann sieht er ihres,
wunderschön.
draußen am wasser,
beim schaum der wellen,
draußen im küstensand,
treffen sich ihre lippen,
ihre nackte haut,
eine nacht, voll liebe,
als wenn sie nie vergeht.

ZWEI ZUSAMMEN
hinaus in die nacht,
zwei allein,
in der alten stadt,
pflastersteine unter ihren füßen,
klingen wie musik,
sie beginnen zu zählen,
eine million ungefähr,
unten der fluß,
in seinem spiegel,
die sterne vom himmel.
sie schaun nach oben,
da sind sie, eine milliarde
und ein roter mond.
er sieht in ihr gesicht,
da strahlen zwei augen,
da ist ein roter mund,
voller leidenschaft küsst er ihn,
eine billiarde sekunden lang.
in ihre augen kommt ein lächeln.
die musik der steine,
klingt als echo vom himmel.
sie gehen zu ihr.

ZUSAMMEN BEI IHR
inzwischen, sie laufen barfuß,
nackt an den füßen,
ihre schuhe schwimmen im fluß.
musik klingt anders jetzt,
von den pflastersteinen, vom himmel.
sterne verschwinden,
morgenrot steigt,
bis sie an ihrer tür sind,
er nimmt sie,
trägt sie hinein,
die musik von draußen kommt mit.
sie tanzen,
bis ihre hüllen fallen.
er trägt sie wieder,
sie kennt den weg.
sie beginnen zu fliegen, zu schweben,
seine berührungen wandern
auf ihrer nackten haut.
sie öffnet sich ihm,
voll von lust.

ZWISCHENSPIEL
sie liegen da,
in ihr noch die errregung,
zeichen dafür, ganz zart,
woanders an ihr,
nimmt er wahr.
und wieder fährt er,
fliegt er mit ihr fort,
berührt sie voller leidenschaft,
sie sind es wieder,
zu zweit im glück.

SPÄTER
und wieder wird es abend,
es zieht sie hinaus,
barfuß, ihre schuhe suchen,
am fluß, auf der insel
an der steinbrücke,
nackt, ins wasser,
sie schwimmen, sie tauchen,
ihre blonden haare, naß,
voller strähnen, liegen sie
auf der haut ihrer schultern.
er nimmt sie mit ans ufer,
in den noch warmen sand.
danach, später,
gehen sie barfuß zu ihr.

FIEBER
morgens, als der tag noch unerfahren
die sonne spiegelt sich in ihren blonden haaren
abends, tut sie das nicht
die sonnenstrahlen enden in ihrem gesicht

ihr lächeln dabei geht auf die reise
und trifft ihn auf ganz zauberhafte weise
die rote abendsonne schwindet
dämmerung am horizont sich findet

der himmel im meer versinkt
ihre augen zum leuchten bringt
feuer scheint unter ihren lidern
nach seiner liebe fiebernd.

SIE
sie war es,
sie ist es,
sie bleibt es,
sie ist meine liebe.

NÖRDLICH
weiße schwaden, silbernebel
über wiesen, klosterteiche ziehn.
tropfen glänzen, spuren im feuchten gras
von nordischen geistern und gnomen.
ganz hell, nach kaum dunkler nacht,
der finnische horizont.
gegenüber grauorange
der himmel über amsterdam.
sinnlich, in gedanken,
der tag beginnt.

HEXEN UND ZAUBERER
himmelblau, oben das tor.
die hexe vom blocksberg
neben mir,
am rand des meeres.

herbstzauber, zauberherbst,
was tut die hexe hier
am flachen ufer,
wo drachen steigen?

sie verzaubert mich!

LUCIFER
winter nullvier,
ein tag wurde zu leben,
ende getauscht gegen zeit.

scheiße, lucifer, ich weiß nicht mehr,
wieviel zeit ich eingetauscht habe.
egal, ich liebe das leben und sie.

EWIG
und ewig der regen rinnt,
das kaum feuer noch glimmt.
wasser sich ergießt,
durch's leben fließt.
strömt mit wilder kraft,
voller leidenschaft.
löscht spuren an seinem grund,
schluckt alles in seinen schlund,
nur eines nicht,
an seinem ende das licht.

KULISSE (Nachtrag aus „Der 12. Mann")
dunkler abend,
schwarze kutten,
graues tramdepot,
hellblaue schwaden,
dunst aus geruch von bier und leuten,
altes zeugs,
bunt an den wänden,
neue spannung.
draußen dann, grellend das hohe licht,
alt und zugestopft die arena rundherum,
wie zu gründungszeiten,
stehend die massen.
aber anders, mittendrin, im zentrum,
die fackeln glühen,
eine kultur lebt,
in klassen weit unten,
sichtbar nur an feiertagen,
wie in diesem späten herbst,
ein moment voll theater
unten,
himmelblau und schwabenrot,
als kulisse.

blauer himmel, weiße pustewolken, sonne, meer, wind, wellen, sandstrand..., ein schatten im sand..., dann kommst du..., eine frau, die alles in den schatten stellt...

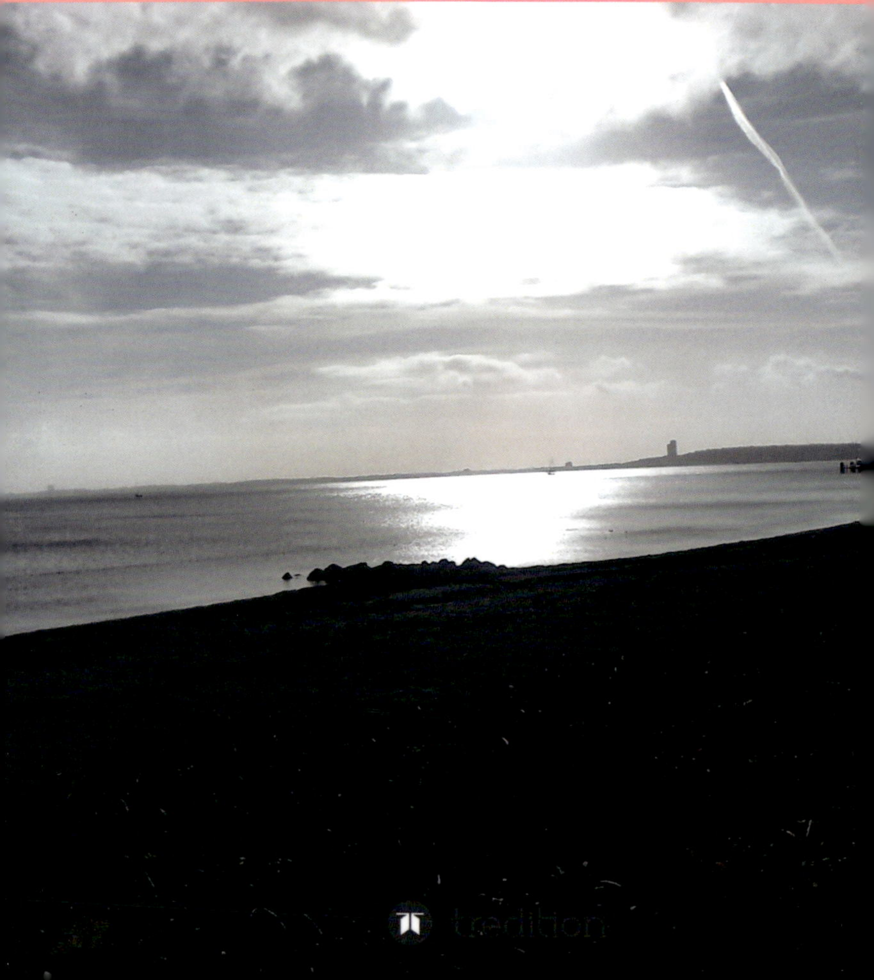

tredition

Zdravko Mlakić
Sind etwa auch wir ...?